Recettes créoles de Da ti Clé

Clémence JEAN-LOUIS

Propos recueillis par Pauline et Alain LEQUIEN

Traditions de la Martinique

L'HISTOIRE DE LA MARTINIQUE

La période indienne (Arawaks, Caraïbes)

Entre Amérique du Nord et celle du Sud, en pleine zone tropicale, se situe la **Madinina**, l'île aux fleurs. Partie centrale de l'archipel des Antilles, une chaine montagneuse récente sujette aux phénomènes sismiques et volcaniques, sa superficie est de 1 100 km^2. Sa plaine se situe en son centre.

Les premières traces humaines connues datent de deux millénaires avant J.-C. Ces visiteurs étaient des nomades.

Le premier peuplement fut celui des **Arawaks**, une tribu venue du bassin de l'Orénoque, l'actuel Venezuela, un siècle avant notre ère. Chassés de leur pays, ils trouvèrent refuge dans l'île quasiment vierge. Peuple pacifique d'agriculteurs, les Arawaks réussirent à sauvegarder leur terre durant dix siècles face aux tentatives d'invasion.

Entre le 8e et le 10e siècle, les **Caraïbes** d'origine amazonienne conquirent les terres de l'archipel, s'installant plus tard dans la future Martinique. Ils anéantirent les Arawaks en mangeant les hommes et en conservant les femmes pour leur plaisir et leur service. Installés sur les zones côtières, ils vivaient des produits de la mer (poissons, crustacés, tortues et lamantins), d'agriculture et de chasse.

La période espagnole

Le danger imprévisible vint de l'au-delà des mers, des Européens.

Au cours de son quatrième voyage, **Christophe Colomb** accosta dans l'île le 15 juin 1502. Il débarqua sur une plage de l'actuelle commune du Carbet, comme le rappelle une plaque commémorative sur les lieux. Il aurait alors déclaré :

« C'est la meilleure, la plus fertile, la plus douce, la plus égale, la plus charmante contrée qu'il y ait au monde. C'est la plus belle chose que j'ai vue, aussi ne puis-je fatiguer mes yeux à contempler une telle verdure ».

Un bien bel hommage à notre île paradisiaque d'alors. Il la baptisa et rembarqua sans laisser d'hommes sur place.

Cependant, sa visite n'eut pas de suite. Les Espagnols jugèrent que les petites îles des Antilles n'étaient pas suffisamment riches, si bien qu'ils la délaissèrent pendant un siècle.

La fin de la culture caraïbe

Vers 1618, des Français, équipiers du capitaine Fleury, font naufrage près de la Martinique. Ils trouvent refuge sur l'île et y vivent pendant près d'un an, parmi les Caraïbes. À leur retour, ils en parlent avec enthousiasme, suscitant l'intérêt.

En bon visionnaire et stratège, le cardinal de Richelieu, au nom de Louis XIII, créa la *Compagnie des Isles d'Amérique* (1635-1650) pour coloniser ces îles laissées à l'abandon.

La conquête débuta le 1ᵉʳ septembre 1635 avec l'arrivée du flibustier **Pierre Belain d'Esnambuc**, un aventurier normand. Avec une centaine de compagnons, il fit construire à la hâte le Fort Saint-Pierre au nord de l'île, aujourd'hui Saint-Pierre. Il en fit la capitale d'une terre française administrée et exploitée par une compagnie à vocation commerciale. Pierre Belain mourut l'année suivante. Il fut remplacé par son neveu et héritier, Jacques du Parquet comme Lieutenant général de la Martinique.

Durant cette période, si les Français avaient été bien accueillis avec un certain amusement par la population locale (c'étaient des va-nu-pieds parfois contraints de manger leurs bottes tout en étant dévorés par les moustiques), les Caraïbes comprirent que les nouveaux venus avaient l'intention de les déposséder voire de les exterminer.

Ils opposèrent une forte résistance, mais, que peuvent faire des flèches empoisonnées face aux bâtons de feu ?

Ce fut un génocide de part et d'autre. Les Indiens survivants durent s'enfuirent vers d'autres îles, d'autres se plièrent aux vainqueurs et devinrent esclaves de fait. La civilisation caraïbe en tant que telle prit fin à la Martinique.

Durant toute sa vie, jusqu'à son lit de mort en 1643, Louis XIII, roi très croyant, se montra opposé à l'esclavage malgré la pression de ses confesseurs. Il ne consentit jamais à légaliser la traite négrière.

Le début de l'esclavage aux Antilles

Avec l'arrivée au pouvoir de Louis XIV, la situation évolue.

En 1650, après la faillite de la compagnie des Isles d'Amérique, **Du Parquet** racheta pour 41 500 livres la Martinique, Sainte Lucie, la Grenade et les Grenadines.

En 1654, sous la pression des Jésuites, le nouvel homme fort refusa d'accueillir 1 200 juifs hollandais chassés du Brésil qui trouvèrent asile en Guadeloupe. Apprenant leur expertise dans l'industrie sucrière, il se ravisa et accueillit 300 d'entre eux. Ils furent à l'émergence de la production de la canne à sucre et du rhum en Martinique.

Attirés par la possibilité d'enrichissement, les colons affluèrent de France et d'ailleurs. On y trouvait aussi bien des nobles fuyant une lettre de cachet que des aventuriers recrutés dans les cabarets contre promesse d'un lopin de terre. L'engagement était de trente-six mois, mais la plupart d'entre eux prirent souche dans l'île.

Voyant la richesse que l'on pouvait en tirer, et voulant maitriser le territoire, Louis XIV racheta les droits de propriété des descendants de Du Parquet. Il plaça les îles sous la tutelle de la *Compagnie des Indes occidentales*, puis préféra les rattacher au Domaine royal en 1674.

Les productions initiales de coton et de tabac étant en déclin, dès 1671, il poussa celle de la canne à sucre qui va prendre un grand essor malgré le départ des Hollandais après la révocation de l'Édit de Nantes (1685). Cela nécessite une main-d'œuvre nombreuse. Le peu d'Indiens caraïbes restant dans l'île n'y suffit pas.

L'Église catholique ayant déclaré *« que les nègres n'avaient pas d'âme »*, c'est donc vers l'Afrique que, sans se poser de problème de conscience, les négriers allèrent les chercher.

Ce commerce existait déjà depuis 1650. Il va s'intensifier à partir de Nantes, Bordeaux, La Rochelle... À Nantes[1], la traite négrière fut le principal commerce de la cité. Les négociants partant des quais de Loire transportèrent à la Martinique et à Saint-Domingue près de **dix mille esclaves** sur une quarantaine de bâtiments officiels.

Ce commerce prit la forme d'un commerce triangulaire dénommé *circuiteux*.

Pour acheter des esclaves sur les côtes africaines, les négriers emportaient des fusils venant de Flandre, des tapis, des moquettes, des coraux, des couteaux et étoffes grossières... Ils échangeaient ces marchandises contre des esclaves.

---

[1] *A Nantes, on peut découvrir le* **Mémorial de l'abolition de l'esclavage** *sur les quais de la Loire. C'est l'un des plus importants au monde consacrés à la traite négrière, à l'esclavage et à son abolition. Il marque le rapport de Nantes à son passé de premier port négrier de France au 18e siècle et rend hommage à ceux qui ont lutté et luttent encore contre l'esclavage dans le monde.*

Pour celles et ceux-ci (hommes, femmes, enfants) commençait une traversée effroyable de l'Atlantique. La mortalité était importante. À l'arrivée dans les îles, les survivants étaient vendus aux gros propriétaires, puis marqués au fer rouge.

Aux Antilles, les négriers chargeaient et ramenaient en Europe des marchandises telles que café, sucre, rhum et autres productions des îles.

Sur place, les exploitations des petits blancs ne purent participer à ce commerce si bien que peu à peu, leurs exploitations furent rachetées ou saisies au profit de grands propriétaires, les futurs *békés*. La moitié des terres cultivées leur appartenait.

Le développement économique au 18ᵉ siècle

Peu à peu, l'île se peuple, de nouvelles *communes* se font jour : Ducos en 1682, Le Lamentin en 1690, Le François en 1694, Le Robert en 1697, Le Vauclin en 1720... En 1701, la population était de 23 362 habitants.

Dès 1694, les premières techniques de distillation du jus de canne furent améliorées par le Père Labat, avec l'invention de l'alambic. Sucreries et distilleries cohabitent désormais, la première produisant le sucre, la seconde le rhum. Il y avait plus de 450 sucreries en 1742.

Vers 1730, la banane fait son apparition sous la pression de l'autorité royale. Sa culture était devenue nécessaire avec celle des fruits et légumes et l'élevage pour assurer la subsistance de la population dont les esclaves.

En effet, malgré le non-respect de leurs obligations et les sanctions qui pouvaient en découler, les colons ne se préoccupaient pas de les nourrir correctement. Cela donna lieu à des révoltes pour celles et ceux qui n'avaient pas grand-chose à perdre. Certains n'hésitèrent pas à empoisonner maîtres et bêtes, ou à se suicider. Les colons finirent par leur accorder la journée du samedi pour cultiver un lopin de terre permettant d'assurer leur subsistance.

La population passa à 74 042 habitants en 1738 puis à 89 300 habitants en 1783. Soit un quadruplement en un siècle.

Joséphine de Beauharnais

Les gouverneurs désignés par le roi se succédaient. L'un d'entre eux, le marquis de Beauharnais voit son fils Alexandre né en 1760 épouser la fille d'un grand propriétaire, la famille Tascher de Trois Ilets.

Marie Joseph Rose, âgée de seize ans, se rendit en France à cette occasion. Quelques années plus tard, elle revint à la Martinique avec ses deux enfants, Eugène et Hortense, loin des tentations parisiennes. Lorsque la république remplaça la monarchie, Alexandre fut guillotiné.

La Martinique restée monarchique ouvrit ses bras à l'Angleterre tout heureuse de sauter sur l'occasion pour s'annexer l'île. Bien que la Convention ait aboli l'esclavage, cette décision ne fut pas appliquée.

De retour en France, la jolie veuve Beauharnais épousa Bonaparte qui la rebaptisa Joséphine. Bonaparte devenu Napoléon 1ᵉʳ, son épouse devint impératrice en 1804, reine d'Italie l'année suivante. Mais l'empereur voulait un fils qu'elle ne put lui donner. Il la répudia.

La fin de l'esclavage en 1848

Pendant près de vingt ans, Angleterre et France bataillèrent pour la suprématie de notre île. Le maintien de l'ordre est difficile. Les esclaves et les métis libres haïs par les blancs se révoltent.

L'île redevenue française, des humanistes se battirent pour faire appliquer l'abolition de l'esclavage. Il est vrai qu'entre-temps, le régime est redevenu monarchique. Alors que l'abolition est effective dans les îles voisines, ce n'est que le **26 mai 1848** qu'enfin la France donna la liberté aux esclaves grâce notamment à *Victor Schœlcher*, Arago...

L'après-esclavage

Après des siècles de souffrance, c'est la joie sur l'île. Les anciens esclaves acquièrent des lopins de terre sur les mornes, créant une multitude de petites exploitations. Mais, une crise économique grave se déclencha avec la baisse de la production sucrière. En Métropole, il est plus économique de produire le sucre à partir des betteraves.

En réponse à cette crise, des usines centrales de production mieux équipées se créèrent, regroupant celles des petites exploitations. Beaucoup d'entre elles disparurent. Désormais, la distillerie de rhum est attachée à une grande sucrerie. La Martinique entre dans la production de masse.

De nouveau, on a besoin de bras. Même payés, les anciens esclaves ne voulurent plus travailler la canne, symbole de l'esclavagisme. Les grands propriétaires durent faire venir de nouvelles populations comme les Africains qui n'ont pas connu l'esclavage, appelés *Congos*, mais aussi des Indiens dits *z'indiens coolies*, des Chinois qui tous vont faire souche dans notre île.

La vie s'organise, et peu à peu, la Martinique s'émancipe. Les journaux sont très présents, le syndicalisme et un certain nationalisme se font jour. La France s'est éloignée, ayant d'autres soucis avec les colonies en Afrique et en Asie, mais aussi avec les pays européens.

Le 8 mai 1902, la nature fait des siennes. Après plusieurs jours d'avertissement, la Montagne Pelée gronde et s'ouvre libérant une force de feu qui engloutit Saint-Pierre. Les 30 000 habitants sauf **Ludger Sylbaris**[2] prisonnier dans son cachot, périrent sous la force destructrice. Une nouvelle manifestation éruptive sans conséquences humaines intervint de 1929 à 1932.

La vie se concentre désormais sur Fort-de-France.

Quelques années plus tard, une autre tragédie mondiale celle-là se fait jour avec la guerre 1914-1918. Plusieurs millions de morts en furent les victimes. L'île envoie un fort contingent d'hommes comme les autres colonies. La plupart de ces hommes, très souvent placés en première ligne comme avant-garde, ne revinrent pas au pays.

Ces drames mirent fin au développement économique. De nouveau, les bras manquèrent, les besoins se diversifièrent. À la fin de la Grande Guerre, une rumeur malsaine se répandit dans l'île : la France aurait eu l'intention, en échange de l'aide des États-Unis, de lui céder notre île. Fake news… comme on dit aujourd'hui.

La fête de la Libération fut de courte durée.

Vingt ans plus tard, en 1939, l'Allemagne nazie mit à feu et à sang l'Europe. Deux mille Martiniquais embarquèrent pour la Métropole. L'Armistice signé, nombre d'entre eux revinrent au pays, d'autres préférèrent rejoindre le général de Gaulle à Londres.

Très majoritairement, les Antillais ne furent pas favorables à l'État français, représenté autoritairement par le Haut-Commissaire de Vichy dans les Antilles. Au Fort Desaix construit à la Vauban entre 1764 et 1772, dormaient les 286 tonnes d'or de la Banque de France apportées par le croiseur Émile Bertin. À l'origine, elles étaient destinées au Canada.

En juin 1943, des soldats et des civils se révoltèrent contre l'amiral Robert. La Martinique entra en dissidence contre le Régime de Vichy. Le 14 juillet, elle rejoignit officiellement la France Libre.

---

[2] *Il mourut 27 ans après l'éruption de causes naturelles. Il reste à jamais dans la mémoire populaire comme « l'homme qui a survécu au jugement universel ! »*

Après la fin de cette guerre, **Aimé Césaire**[3] déposa un projet de loi d'assimilation à l'Assemblée nationale.

Le 19 mars 1946, la Martinique n'était plus une colonie, elle devenait un département français avec tous les droits qui y sont attachés.

La langue créole

Née dans la première moitié du 17e siècle, cette langue régionale parlée dans toute l'île est une mosaïque d'une extraordinaire richesse. Aux legs initiaux amérindiens vinrent s'ajouter les dialectes des colons français, des Noirs issus de l'Afrique de l'Ouest, des Coolies venus d'Inde, des Chinois...

À l'origine, la langue créole était utilisée dans les dialogues entre esclaves et colons. Elle est devenue au fil du temps la langue maternelle de la majorité de la population martiniquaise. L'école de la République, participant activement à la francisation des Martiniquais, fit que pendant longtemps, le créole n'eut pas droit de cité dans l'enceinte scolaire. Il faudra attendre les années 1990 pour qu'elle soit intégrée à l'enseignement.

Les proverbes créoles ne sont pas des *pawol an tan lontan,* des paroles du passé comme on le dit en Martinique, mais des paroles éternelles venues du passé. *Pa konnet mové*, il est mauvais de ne pas savoir comme on dit sur l'île aux fleurs.

Alain Lequien

---

[3] *Aimé Césaire (1913-2008), grand poète de la négritude resta maire de Fort-de-France durant cinquante-six années consécutives, de 1945 à 2001.*

À pa lè ou fen pou mété manjé si difé.

Ce n'est pas lorsque tu as faim que tu dois commencer à cuire ton repas.

Le petit-déjeuner

- Chocolat au lait ou café
- Macadam de morue
- Banane

Trois menus pour le déjeuner, en semaine

• Petit Punch de rhum blanc, • Calalou • Salade d'avocat • Court-Bouillon de poisson • Riz à la créole et haricots rouges • Salade de chou palmiste • Glace ou sorbet au coco • Café, anis coq	• Punch de rhum blanc • Tomates farcies au riz • Côtelettes de porc • Pois tendre (haricots verts) à la sauce blanche • Légumes au naturel (igname, banane jaune, fruit à pain) • Confiture de coco • Fruits - Glace ou sorbet au coco • Café, shrob

- Punch de rhum blanc
- Daube de concombre
- Œufs farcis au crabe
- Court bouillon de poisson
- Migan (fruit à pain)
- Salade
- Fruits – Gâteau
- Café - Liqueurs

Trois menus pour le diner, en semaine

• Soupe grasse • Acras de morue • Purée de pommes de terre • Salade de laitue • Pain doux – Confiture • Infusion de feuilles de corossol	• Soupe grasse • Poisson mariné • Salade de pommes de terre • Gâteau à la patate douce • Confiture

- Soupe à l'oignon
- Poisson mariné
- Lentilles
- Banane jaune au naturel
- Pain doux – Confiture
- Chocolat au lait

Pour le midi, le lundi de Pâques et de Pentecôte

- Punch avant, pendant et après le repas
- Harengs saurs, œufs durs
- Salade de concombre
- Farine de manioc
- Matoutou de crabes
- Colombo ou fricassée de crabes
- Riz à la créole
- Côtelettes de porc grillé
- Légumes au naturel
- Haricots rouges
- Fruits
- Café – liqueurs

Pour le midi du dimanche et jour de fête

• Punch au rhum blanc	• Punch et cocktail
• Crabes farcis	• Pâté de cochon
• Pâté cochon	• Œufs pochés au fruit à pain
• Daube de poisson	• Ragoût de lambi
• Haricots rouges	• Riz à la créole
• Poulet au kary	• Beignets de banane
• Riz à la créole	• Fruits
• Salade de choux palmiste	• Sorbet à la goyave
• Gâteau maïs	• Café – Liqueurs
• Sorbet au coco	
• Café	
• Liqueur coco/Shrob/Anis coq	

Pour le soir du dimanche et jour de fête

- Soupe de tripes
- Acras de morue
- Christophine au gratin
- Gâteau patate douce
- Confiture de goyave
- Punch au lait

Pour le banquet, quelle que soit l'heure

- Punchs et cocktail
- Pâté en pot
- Crabes farcis
- Boudin cochon
- Chadron (Oursin)
- Pâté cochon
- Poisson grillé
- Soupe à l'oignon
- Melon ou Blanc-manger au coco
- Haricots rouges
- Côtelettes de porc
- Puée d'igname
- Rôti de porc
- Salade
- Vins - Gâteau – fruits
- Café – liqueurs

LES BOISSONS

Le rhum et ses préparations

Aux Antilles en général, à la Martinique en particulier, le rhum est une véritable culture dans tous les sens du terme. Sa dégustation fait partie d'un rite fondamental auquel il ne faut pas déroger. Ses connaisseurs savent vous émouvoir devant une fine bouteille.

Attention toutefois, cette boisson nationale enivre ceux qui en abusent, et rend gais ceux qui en consomment avec modération.

Deux sortes de rhums cohabitent. Tout d'abord, celui obtenu par la distillation du résidu de la fabrication du sucre, la mélasse. Ensuite, le rhum agricole produit dans les Antilles françaises (Martinique, Guadeloupe, Marie-Galante), obtenu par la distillation du produit de la fermentation du jus frais de la canne.

*L'ancêtre du rhum se dénommait **taffia**. Lorsque le fameux révérend père Labat débarque sur l'île, au début de 1694, il est confronté à une terrible fièvre qui le terrasse. L'histoire raconte qu'il fut sauvé par une décoction composée d'un alcool encore méconnu à l'époque. Dans ses mémoires, il cite « l'eau-de-vie qu'on tire des cannes est appelée guildive. Les sauvages et les nègres l'appellent taffia. Elle est très forte, possède une odeur désagréable, et de l'âcreté à peu près comme de l'eau-de-vie de grain. Le lieu où on la fait se nomme la Vinaigrerie »...*

Au 18ᵉ siècle, la Martinique vend ses mélasses (déchets de l'industrie sucrière) aux colonies nord-américaines qui produisent déjà du rhum industriel. Cette technologie, mise au point par les Anglais, ne fut utilisée en Martinique et Guadeloupe qu'à la fin du 19ᵉ siècle. À cette époque, les usines martiniquaises commencent à produire du rhum afin d'améliorer leurs revenus. C'est de cette manière que le rhum industriel est apparu aux Antilles françaises.

L'arrivée de la machine à vapeur va révolutionner les pratiques avec la concentration des lieux de production par la création des usines centrales. Cette usine, équipée de la machine à vapeur, se retrouve au centre d'un réseau en étoile de petites exploitations reliées par un réseau ferroviaire permettant d'acheminer la canne à sucre des champs jusqu'à l'usine de production du rhum industriel.

*Les petites exploitations, qui ne pouvaient bénéficier de ce réseau en raison de leur situation géographique enclavée, se sont donc retrouvées écartées de ce nouveau circuit sucrier. Certaines ont alors commencé à distiller directement le jus de la canne (vesou), donnant naissance au rhum agricole, appelé à l'époque **rhum Z'habitants**.*
Le rhum agricole est celui que Da ti Clé encourage d'utiliser pour vos boissons. Il porte l'esprit de la Martinique.

Il existe quatre qualités différentes de rhum agricole.

*Le **rhum blanc** qui est à la base du ti-punch. Il garde intacts les arômes de la canne fraîchement coupée. Après une réduction du degré alcoolique effectuée à l'eau distillée ou à l'eau de source, il est commercialisé à 50° et 55° en Martinique*

*Le **rhum vieux** est le résultat de la mise d'une partie de la production du rhum blanc produit en distillerie qui est mis en fûts de chêne. Il ne devient vieux qu'au bout de trois ans, mais cette période peut être allongée. Le rhum dit « 3 ans d'âge » possède un degré alcoolique de 45° environ. Celui de de cinq à quarante ans d'âge rivalise avec les plus grands spiritueux et s'apprécie à la manière des vieux cognacs.*

*Le rhum **paille** est un rhum resté en foudre de chêne pendant une période qui peut varier de douze à dix-huit mois. Son aspect a pris une légère coloration. Il titre généralement 50°.*

*Le **rhum ambré** est obtenu par un mélange du rhum paille et du rhum vieux. Il a la force du rhum paille et le parfum du rhum vieux. C'est un rhum fort et parfumé destiné à la pâtisserie, aux cocktails et aux crêpes.*

Punch blanc

Un tiers de sirop de canne pour deux tiers de rhum – une tranche de citron vert, un glaçon. (Il peut se boire sans glaçon.)
Terminer par un verre d'eau glacée.

Punch vieux

Même proportion de sirop de canne et de rhum que le punch blanc. Ne mettre ni citron ni glace.

Punch au lait

Dans un litre de lait bouillant, mettre un morceau de vanille, une pincée de muscade râpée et de cannelle.
Faire mousser au *bois lélé*[4] en ajoutant un quart de verre de rhum.
Servir chaud.

Cocktail à la noix de coco

Secouer le lait d'une noix de coco dans un shaker,
Ajoutez-y un verre de rhum vieux, un verre de crème de cacao, un verre de cognac et une cuillerée de bitter-angustura[5].
Agiter le tout.
Servir avec de la glace pilée.

Cocktail de la Reine

Une mesure de jus d'orange, deux mesures de rhum, une mesure de jus d'ananas, une mesure de shrob, une cuillerée de bitter-angustura.
Servir avec de la glace pilée.

---

[4] *Le **bois lélé** est un petit bout de bois d'environ 15 cm de long, dont l'une des extrémités se sépare en cinq petites branches, disposées en forme d'étoile. Issu d'un arbre local, il sert à remuer le ti-punch et autre boisson locale (lélé veut dire touiller en créole). Son utilisation en tant que mélangeur est typiquement martiniquaise.*

[5] *L'**Angustura Bitter** est un concentré d'essences utilisé pour les cocktails. Fabriqué à Trinidad, il est préparé à partir d'une formule tenue secrète. Composé d'épices, extraits de plantes, herbes naturelles, écorces d'orange, substances amères et aromatiques, c'est un ingrédient indispensable pour tout bon barman.*

Shrob

Prendre le zeste de quatre ou cinq oranges, que l'on met à macérer dans un litre de rhum, avec un quart de sucre en morceaux et une vanille entière.

Laisser au soleil pendant douze à quinze jours. Déguster par petit verre.

Liqueur de coco

Dans une bouteille, mettre le lait de coco râpé dans lequel on ajoute un verre de sirop vanillé et un demi-verre de rhum.

La bouteille exposée pendant trois ou quatre jours au soleil.

Déguster cette liqueur dans de petits verres.

Anis coq

Ajouter dans un demi-litre de rhum vingt centilitres de sirop de canne et quinze gouttes d'essence d'anis.

Agiter souvent, puis laisser reposer pendant deux jours avant de pouvoir en boire dans de petits verres.

Absinthe amère

Dans un litre de rhum, mettre à macérer pendant environ huit jours deux paquets d'absinthe. Laisser au soleil pendant quinze jours. Ce breuvage au goût âcre à souhait pourra être pris le matin. Il vous débarrassera de vos parasites et de vos fièvres.

Orangeade ou citronnade

Mélanger le jus de deux oranges (ou le jus du citron vert) à un quart de litre d'eau fraîche. Sucrer. Servir avec de la glace pilée.

Planteur

Dans le jus d'une orange, mettre deux doigts de rhum, un doigt de sirop de sucre de canne, un quart de litre d'eau glacée. Servir avec une paille.

Jus de corossol

Extraire le jus d'un corossol, ajouter un quart d'eau glacée, du sucre et le jus de la moitié d'un citron.

Jus de goyave

Placer 250 gr de goyaves bien mûres dans un litre d'eau, du sucre et du zeste de citron. Servir avec de la glace pilée.

Cidre martiniquais

Faire macérer pendant trois jours, trois kilogrammes de fruits variés et un kilogramme de sucre dans six litres d'eau, tamiser et mettre dans des bouteilles à capsuler.

Le mabi

Le mabi est une boisson rafraîchissante sans alcool qui possède de nombreuses vertus. Elle est réalisée à base d'écorce du bois de maby mêlée à du gingembre et du sirop de canne.

Ingrédients : trois tasses d'eau, deux anis étoilés, deux bâtons de cannelle, cinq morceaux d'écorce de maby, dix clous de girofle, deux feuilles de laurier, l'écorce séchée d'un citron, une cuillerée à thé de vanille, deux tasses de sucre brun.

Préparation :
Placer dans une casserole tous les ingrédients sauf le sucre, puis amener le tout à ébullition. Laisser bouillir cinq minutes avant d'éteindre le feu. Couvrir la casserole et laisser infuser cinq heures.
Verser le concentré dans un grand récipient, ajouter dix tasses d'eau ainsi que le sucre. Filtrer. Conserver dans un pichet au réfrigérateur. Servir sur glace.

Le madou

Le madou est une boisson antillaise essentiellement réalisée à base d'agrumes.

Ingrédients : une dizaine de feuilles d'oranger, trois ou quatre feuilles de citronnier, quatre citrons verts, quatre oranges sucrées, du sucre de canne, de l'eau glacée.

Préparation :
Mettre les feuilles d'oranger et de citronnier préalablement lavées dans un pichet après les avoir écrasées.
Presser les oranges, et mettre le jus dans le pichet. Faire de même avec les citrons. Compléter avec de l'eau glacée. Ajouter le sucre de canne à votre goût. Déguster frais.

D'autres boissons rafraîchissantes existent localement comme l'eau naturelle de coco...

LES ENTRÉES

Les Acras (ou Acrats)

Les acras (anciennement appelés marinades ou acrats) sont de petits beignets frits contenant du poisson, des herbes, des épices... D'origine africaine, ils sont la mise en bouche traditionnelle de la cuisine antillaise. Servis lors de l'apéritif ou en entrée, de nombreuses variantes sont apparues avec des crustacés, crevettes, coquillages (chaubette), légume....

Les acras antillais sont de consistance légère, moelleuse, croustillante, souvent relevés au piment de Cayenne, piment oiseau, sauce chili... Aux légumes, comme le giraumon, le malanga, le chou caraïbe, ils sont souvent consommés les jours de jeûne du Vendredi saint.

Les recettes recueillies auprès de notre aïeule Da ti Clé sont celles qui sont cuisinées traditionnellement. Il en existe de nombreuses variantes. Important : la cuisson doit être à point, pas trop grillée.

Acras de morue (ou de lieu ou de colin)

Ingrédients : 400 gr de morue salée (ou autres poissons), 300 gr de farine, 250 ml d'eau, un verre de lait, un sachet levure chimique, un œuf, un demi-oignon, thym, persil, ail, piment, poivre, sel. *Pour le court-bouillon* : 150 ml d'eau, sel, feuille de laurier, deux clous de girofle

Préparation :
Faire bouillir la morue salée à trois reprises en changeant à chaque fois l'eau. Laisser refroidir, puis égoutter.

Enlever soigneusement les arêtes et la peau avant de piler très finement la chair avec un mortier en y intégrant piment, un oignon, thym, persil et ail.

Pour obtenir une pâte onctueuse, mettre dans un saladier la farine délayée avec un mélange de lait et d'eau. Ajouter un sachet de levure chimique et un œuf battu pour obtenir le gonflant, du sel, poivre et piment selon votre goût.

Bien mélanger, puis faire cuire par cuillerée dans un bain d'huile ou dans une friteuse.

Acras de cribiches (crevettes d'eau douce)

Dans les eaux vives des îles antillaises vivent des crevettes dénommées cribiches. Leur chair est utilisée pour cette recette, dans une soupe et les sauces piquantes qui accompagnent les plats de crabes.

Ingrédients : 200 gr de cribiches, 150 gr de farine, 150 ml d'eau, un verre de lait, un sachet levure chimique, un œuf, une moitié d'oignon, thym, persil, ail, un piment, poivre et sel.

Préparation :
Nettoyer les crevettes crues, les faire macérer une demi-heure dans une sauce composée de jus de citron, de sel, d'ail, de piment.
Fabriquer la même pâte que pour les acras de morue, y ajouter les crevettes et faire cuire dans un bain d'huile.

Acras de titiris (alevins)

Le titiri est un petit poisson transparent, à la chair très fine, proche de l'éperlan. Il est périodiquement péché dans les estuaires. Dans la recette, il peut être remplacé par des alevins.

Ingrédients : 200 gr de titiris, 150 gr de farine, 150 ml d'eau, un verre de lait, un sachet levure chimique, un œuf, une moitié d'oignon, thym, persil, ail, un piment, poivre et sel.

Préparation :
Laver les alevins à la passoire pour faire partir le sable, les mettre à macérer une demi-heure dans une sauce composée de jus de citron, de sel, d'ail, de piment.
Fabriquer la même pâte que pour les acras de morue, y ajouter les titiris ou alevins, et faire cuire dans un bain d'huile.

Acras de carottes

Ingrédients : 300 gr de carottes, 300 gr de farine, 150 ml d'eau, un demi-verre de lait, un sachet levure chimique, une moitié d'oignon, thym, persil, ail, un piment, poivre et sel. Éventuellement un œuf.

Préparation :
Éplucher ou gratter les carottes, puis les râper finement.
Ajouter aux carottes la farine, oignon, thym, persil, ail et piment.
Ajouter le lait, un peu d'eau, la levure chimique pour obtenir une pâte à faire cuire par cuillerée dans de l'huile bouillante.
Pour les personnes sensibles, on peut ajouter un œuf battu ou une pincée de bicarbonate.

Acras de chou des Caraïbes

Ingrédients : un chou des Caraïbes (de préférence des *mamans choux*), 100 gr de farine, un œuf, un demi-verre de lait, 20 gr de sel, une pincée d'ail, de piment, de poivre de Cayenne.

Préparation :
On utilise la racine du chou que l'on pèle et râpe finement. Ajouter la farine, l'œuf, le lait, le sel, le poivre et la pointe d'ail.
Cuire par cuillerée dans de l'huile bouillante.

Acras d'aubergine

Ingrédients : deux aubergines, 100 gr de farine de blé, un œuf, deux cuillerées de lait, un demi-sachet de levure chimique, un oignon, une gousse d'ail, du persil, thym, piment, sel et poivre.

Préparation :
Peler les aubergines, les couper en dés, les faire cuire à l'eau salée.
Égoutter après cuisson et écraser à la fourchette.
À la purée obtenue, ajouter un œuf battu, la farine, la farine, deux cuillerées de lait, du sel, du poivre, piment, poivre, levure chimique.
Travailler ce mélange pour qu'il soit bien onctueux,
Déposer par cuillerées dans de l'huile bouillante.

Les soupes

Comme dans de nombreux pays chauds, la soupe est présente sur la table familiale, notamment dans les communes rurales. Elle permet de se désaltérer en mangeant les légumes de façon différente. Quand le temps est chagrin, elle est la bienvenue.

Soupe z'habitants

Ingrédients : carottes, chou, épinards, giraumon, céleri, poireau, navet, haricots verts, 100 gr de bœuf salé, eau (selon le nombre de convives).

Préparation :
Couper en dés les légumes, ainsi que le bœuf salé.
Dans un faitout, faire roussir à l'huile l'ensemble de la préparation. Lorsqu'ils sont cuits, ajouter l'eau, le sel et le poivre.
Mélanger de temps en temps pour bien lier le tout.
La cuisson dure environ une heure.
Servir chaud.

Soupe de fruit à pain au lard

Ingrédients : un fruit à pain, 150 gr de dés de lard salé ou fumé, un demi-verre de lait.

Préparation :
Cuire le fruit à pain à l'eau salée et passer le tout au presse-purée.
Faire revenir dans une casserole des dés de lard afin qu'ils soient croquants. Les placer avec la purée et l'eau de cuisson.
Laisser mijoter un instant le tout. Ajouter du lait pour amener le potage à la consistance désirée.
Servir chaud.

Soupe de giraumon (potiron)

Ingrédients : une tranche de giraumon, 25 cl de lait, trois cuillerées de riz, un morceau de beurre.

Préparation :
Éplucher et couper en petits dés le giraumon que l'on met à cuire dans l'eau légèrement salée.
Après cuisson, passer au presse-purée, ajouter le lait, et le riz.
Servir chaud quand le riz est cuit, en ajoutant un morceau de beurre.

Soupe grasse

Soupe populaire à rapprocher du pot-au-feu en Métropole.

Ingrédients : morceau de poitrine, plusieurs os à moelle, oignon, carottes, navets, chou, poireaux, céleri, riz, pomme de terre, tapioca, vermicelle.

Préparation :
Mettre dans deux litres d'eau un bon morceau de poitrine, les os à moelle. Laisser cuire jusqu'à ce que la viande soit cuite.
Ajouter un oignon préalablement grillé, et l'ensemble des légumes.
Laisser cuire à feu moyen pendant une bonne heure.
Servir la soupe chaude accompagnée de quelques légumes écrasés.

Soupe maigre

Ingrédients : 75 cl d'eau, oignons, pommes de terre, tapioca, vermicelle.

Préparation :
Faire revenir dans un peu d'huile l'oignon et quelques dés de pomme de terre. Saler, poivrer, ajouter l'eau et le vermicelle.
Laisser mijoter 25 minutes, et servir chaud.

Soupe de poireaux à l'igname

Ingrédients : une igname, blancs de poireaux, 25 cl de crème fraîche, croûtons, un morceau de beurre.

Préparation :
Éplucher l'igname, le couper en morceaux et le mettre à cuire dans de l'eau salée avec quelques blancs de poireaux finement émincés.
L'igname cuite, le passer au presse-purée et remettre dans l'eau de cuisson. Cuire environ 15 minutes.
Ajouter la crème fraîche.
Verser dans une soupière sur les croûtons frits avec du beurre.

Soupe de pied de porc ou de bœuf

Ingrédients : un pied de porc ou de bœuf, un oignon, des tomates, 50 gr de riz, sel, poivre.

Préparation :
Le pied nettoyé, le couper en morceaux avant de le faire cuire dans l'huile avec un oignon et des tomates.
Placer le tout dans un faitout, en ajoutant du sel, le riz dans un litre d'eau. Laisser bouillir jusqu'à cuisson complète du pied.
Servir dans des assiettes bien chaudes.

Soupe calalou (version végétarienne)

*Cette soupe antillaise, riche en fibres, est consommée après une période d'excès pour « purifier le sang » selon l'expression populaire. Elle est constituée des plantes du jardin appelées à la Martinique **herbage du jardin**, c'est-à-dire épinards, feuilles de chou, céleri... ou que l'on achète sur le marché. Ainsi, c'est l'humeur et la disponibilité des ingrédients qui en font sa composition. Elle est proche de la soupe z'habitants.*

Ingrédients : feuilles de chou, épinards, carotte, giraumon, céleri, poireau, navet, thym, haricots verts, patate douce (selon disponibilité des ingrédients).

Préparation :
Couper en dés les légumes, puis les faire roussir à l'huile.
Les mettre dans un faitout avec de l'eau, ajouter le sel et le poivre.
Mélanger de temps en temps pour bien lier le tout.
La cuisson dure environ 30 minutes. Servir chaud.

Soupe de poisson

Ingrédients : un kilogramme de poissons variés, un gros crabe, six petits crabes de mer, un oignon, trois tomates, safran, gingembre (frais ou en poudre), pain grillé.

Préparation :
Faire revenir dans du beurre l'oignon, les tomates épluchées coupées en morceaux, le safran et le gingembre.
Mouiller avec deux litres d'eau, et ajouter les poissons et les crabes. Laisser bouillir 30 minutes avant de passer le bouillon au chinois.
Servir sur des tranches de pain grillé.
Présenter les poissons avec précaution afin qu'ils ne s'émiettent pas.

Soupe à la chair de cribiches

Ingrédients : 200 gr de cribiches ou crevettes de rivière, sel, poivre, piment, bouquet garni, ciboulette, laurier.

Préparation :
Mettre à cuire les cribiches entières dans l'eau salée avec poivre, piment, bouquet garni, ciboulette et feuilles de laurier.
Lorsque les crevettes sont à moitié cuites, récupérer les queues qui seront accommodées à la sauce blanche lors du repas.
Réduire en purée le reste de la préparation qui sera remis dans l'eau de cuisson avec du beurre.
Le potage est prêt.

Pâté en pot

Le pâté en pot est un plat spécifiquement martiniquais qui se sert lors de grandes occasions : banquets, repas de fiançailles, baptême, mariage et première communion.

Ingrédients : tête, foie, panse et pattes d'un mouton, clous de girofle, feuilles de laurier, 500 gr de jambon, 250 gr de lard, 500 gr de carottes, 500 gr de giraumon, 500 gr de chou, 500 gr de pommes de terre, quelques poireaux, une branche de céleri, poivre, un grand verre de madère, un bocal de câpre.

Préparation :
Mettre à bouillir dans un grand faitout d'eau salée la viande de mouton. Ajouter les clous de girofle et les feuilles de laurier.

Couper en petits dés les carottes, le giraumon, le chou, les pommes de terre, quelques blancs de poireau, le jambon et le lard.

Après cuisson de la viande de mouton, séparer la chair des os, les couper en dés, et les ajouter aux légumes.

Faire roussir l'ensemble dans de l'huile en remuant constamment. Arroser avec le bouillon de cuisson.

Quand les légumes sont cuits, compléter avec le reste du bouillon.

Ajouter le céleri, du poivre, un grand verre de Madère.

Laisser mijoter une heure ou deux.

Servir chaud le bouillon avec des légumes comme soupe.

Au moment de servir la viande, ajouter un bocal de câpre.

Se mange chaud.

LES LÉGUMES

Aubergine en beignet

Ingrédients : aubergines, sel, 250 gr de farine, un demi-verre de lait, un oignon, sel, poivre.

Préparation :
Contrairement à son utilisation dans les acras, les aubergines sont épluchées et coupées en tranches dans le sens de la longueur puis mises à tremper dans de l'eau salée pendant dix minutes.

Préparer une pâte avec la farine, le lait, de l'oignon haché fin, sel et poivre. Bien mélanger le tout pour obtenir une pâte souple et légère.

Plonger chaque morceau d'aubergine dans la pâte avant de les faire cuire dans de l'huile bouillante.

Aubergine à la tomate

Ingrédients : aubergines, tomates, 100 gr de jambon fumé, oignon, ail, sel, piment.

Préparation :
Utiliser la même proportion d'aubergine que de tomate. Faire revenir la tomate dans une poêle avec de l'oignon émincé, de l'ail écrasé, du sel et quelques dés de jambon fumé.

Ajouter les aubergines épluchées et coupées en morceaux avec un peu d'eau. Laisser mijoter trente minutes.

Au moment de servir, ajouter un peu de piment dans la sauce.

Le féroce d'avocat

*L'avocat, ou beurre végétal, originaire du Mexique, doit son nom au mot de la langue nahuatl **ahuacatl** signifiant testicule, par analogie à la forme de cet organe. Avec son léger goût de noisette, il est souvent utilisé comme hors-d'œuvre ou pour accompagner nombre de mets.*

*Le **féroce d'avocat** est une spécialité martiniquaise qui doit son nom à votre goût pimenté. Aujourd'hui proposé en entrée dans les restaurants,*

il était à l'origine consommé par les travailleurs des champs au petit-déjeuner, lors de la saison des avocats.
Il est composé d'avocats, de morue, de farine de manioc et de piment.

Ingrédients : avocats bien mûrs, 40 gr de farine de manioc et 20 gr de morue par avocat, huile, vinaigre, ail, piment.

Préparation :
Couper chaque avocat en tranches et le peler.
Les placer dans le fond d'un plat creux et verser dessus la farine de manioc.
Laver la morue et la faire griller, si possible, sur de la braise. La hacher en petits morceaux dans une sauce composée d'huile, de vinaigre, d'ail et de piment.
Mélanger le tout et remettre dans les coques des avocats.
Aux Antilles, il n'est pas rare de les manger avec les doigts en faisant de petites boulettes.
Cette recette peut être servie lors du petit-déjeuner, le plus souvent en entrée.

Bananes plantains frites à la poêle

Originaire d'Afrique, la banane plantain se différencie de sa cousine, la banane-fruit par sa richesse en amidon qui en fait un légume estimé. Appelée aussi banane-farine ou banane jaune aux Antilles, elle est moins sucrée. Elle accompagne de nombreux plats exotiques de poissons et de viandes, sans oublier son utilisation dans des beignets, des gâteaux...
Riche en glucides, elle est très nourrissante et source de vitamines.

Ingrédients : banane plantain, cannelle, extrait de vanille, sucre roux.

Préparation :
Peler, puis couper en morceaux ou en rondelles chaque banane.
Dans une poêle, faire sauter dans l'huile les morceaux jusqu'à brunissement.
Ajouter la cannelle, la vanille et le sucre roux selon votre goût.
Servir chaud.

Bananes plantains bouillies

Ingrédients : bananes plantain, sel.

Préparation :
Rincer chaque banane à l'eau tiède en la frottant bien.
À l'aide d'un couteau, retirer les deux extrémités pour exposer la chair de la banane.
Coupez la banane en deux ou trois morceaux selon la taille.
Couper la pelure sur la longueur sans trop pénétrer dans la chair.
Amener l'eau légèrement salée à ébullition,
Retirer au bout de quelques minutes.

Christophines ou chayottes au gratin

D'origine mexicaine, la christophine doit son nom à Christophe Colomb, le premier à la ramener en Europe. Appelée **chouchou** *à l'île de la Réunion. De couleur jaune crème ou vert pâle, son fruit est une grosse baie d'une dizaine de centimètres de longueur, en forme de poire biscornue, pouvant peser entre 500 grammes et deux kilogrammes.*

Ingrédients : christophines, oignon, persil haché, 200 gr de farine, un demi-verre de lait, sel, poivre, ail, gruyère râpé, panure, beurre.

Préparation :
Couper chaque christophine en deux, enlever le cœur et faire cuire à l'eau salée. Conserver les coquilles.
Après cuisson, récupérer la chair avec une petite cuillère sans percer la peau. La réduire en purée.
Faire un roux[6] avec huile, oignon, persil haché et farine. Ajouter lait, sel, poivre, ail. Mélanger avec la purée et laisser cuire pendant cinq minutes.
Dans les coquilles, mettre alternativement une couche de purée, une couche de gruyère râpé jusqu'au bord des coquilles.
Terminer en semant sur le dessus une couche de panure, un dé de beurre et faire gratiner au four. Servir chaud.

---

[6] *Un roux, en cuisine, est un mélange de farine et de matière grasse, coloré à feu moyen.*

Massissis ou concombres en daube

Originaire de l'Himalaya, cette plante rampante aurait voyagé de la Chine jusqu'en Palestine... Selon la Bible, la sagesse de Salomon, la force de Samson et le lyrisme de David seraient dus à ses vertus. En France, Charlemagne ordonna sa culture. Très appréciée par Louis XIV, elle rejoignit les Antilles lors de la prise de possession française au 17e siècle.

Le massissi ou ti concombre est recouvert de piquants. Dans nos recettes, vous pouvez les remplacer par de jeunes concombres. Ce plat en daube accompagne souvent de la viande salée comme la queue de cochon.

Ingrédients : massissis ou jeunes concombres, oignon, gousse d'ail, tomates, sel, poivre, piment, persil, thym.

Préparation :
Laver les massissis, gratter la peau pour enlever les petits piquants.

Couper chacun d'eux dans le sens de la longueur et presser pour enlever un peu des graines.

Couper l'oignon en petits dés et fais les dorer avec l'ail que l'on fait frissonner dans l'huile. Ajouter les tomates coupées en dés, laisser mijoter quelques minutes avant d'ajouter les massissis. Saler, poivrer, et ajouter, à votre goût, un peu de piment.

Recouvrir la poêle et laisser mijoter à fin moyen pendant 30 à 45 minutes environ. De temps à autre, piquer les massissis pour contrôler leur cuisson, et ajouter un peu d'eau si nécessaire.

En fin de cuisson, rajouter persil et thym à votre goût. Servir chaud.

Massissis ou concombres en salade

Ingrédients : massissis ou jeunes concombres, sel, ail, citron, piment.

Préparation :
Choisir de jeunes concombres et les peler.

À l'aide d'une mandoline, les couper en fines tranches et enlever les pépins.

Les mettre dans un plat avec un peu de sel pour les faire dégorger pendant cinq à dix minutes. Égoutter et ajouter de l'ail, du citron et du piment selon votre goût.

Les croquettes de fruit à pain

Originaire d'Océanie, l'arbre à pain fut domestiqué pour son fruit comestible. Il est de nos jours largement répandu sous les tropiques. Aux Antilles françaises, il existe deux variétés. La plus fertile se nomme châtaignier-pays. Son fruit contient de nombreuses graines comestibles qui sont consommées bouillies ou grillées comme les châtaignes. La seconde variété donne un faux fruit dénommé fruit à pain. Ne contenant aucune graine, il est consommé comme légume. L'épi mâle est dégusté en confit ou en confiture. Cueilli à maturité, il se prête facilement à de multiples préparations accompagnant viandes et poissons.

Ingrédients : 500 gr de fruit à pain, 50 gr de farine, 20 gr de beurre, un œuf entier, un oignon, un demi-verre de lait.

Préparation :
Cuite le fruit à pain dans de l'eau salée et réduire en purée.
Mélanger à celle-ci le beurre, l'œuf entier, poivre, l'oignon haché, le lait.
Faire des boulettes que l'on enrobe de farine avant de les faire frire dans la poêle.

Fruit à pain au four

Ingrédients : 500 gr de fruit à pain bien mûr, 100 gr de beurre, un peu de rhum, zeste de citron vert.

Préparation :
Enlever le cœur du fruit à pain, et le remplacer par du beurre, un peu de rhum et du zeste de citron vert.
Mettre au four, chaleur moyenne, pendant 45 minutes environ.
Le manger tiède.

Fruit à pain à la béchamel pour la morue

Ingrédients : un kilogramme de fruit à pain, 500 gr de morue dessalée, plusieurs pommes de terre, un demi-verre de lait, un oignon, un bouquet garni, thym, ail, beurre.

Préparation :
Laver et faire cuire à l'eau légèrement salée le fruit à pain coupé en gros dés et la morue.

Après cuisson, peler les pommes de terre et les couper en plusieurs morceaux.

Faire un roux, que l'on allonge avec un demi-litre de lait.

Ajouter l'oignon, le bouquet garni, le thym, l'ail, les dés de fruit à pain et la morue. Laisser bouillir ensemble 15 minutes.

Au moment de servir, ajouter un peu de beurre. Se mange chaud ou froid.

Fruit à pain aux lardons

Ingrédients : 500 gr de fruit à pain bien mûr, 200 gr de poitrine fumée, beurre, un oignon, piment, sel, poivre, ail, persil haché.

Préparation :
Couper le fruit à pain en quatre parties, éplucher et retirer le cœur. Couper la chair en morceaux, faire cuire dans l'eau bouillante légèrement salée, puis égoutter.

Couper la poitrine fumée en petits lardons, puis les blanchir.

Dans une poêle, faire revenir dans du beurre l'oignon émincé, ajouter la poitrine fumée et une pointe de piment haché.

Dans une seconde poêle, faire sauter le fruit à pain. Saler et poivrer.

Ajouter aux lardons les dés de fruit à pain sautés. Incorporer l'ail et le persil hachés.

Servir très chaud.

Gombos à la vinaigrette

*Originaire d'Afrique, le gombo est une grande herbe appelée **lalo** à la Réunion, **calou** en Guyane. Elle fut introduite aux Antilles au 17e siècle par les esclaves. Son fruit est une capsule de forme pyramidale récoltée verte et employée comme légume ou condiment lorsqu'il est jeune pour garder toute sa saveur. Sa texture un peu gluante ne plait pas à tout le monde.*

Ingrédients : 500 gr de jeunes gombos, 20 gr de beurre, vinaigrette selon votre goût, citron vert.

Préparation :
Laver les gombos à l'eau froide puis racler légèrement la peau pour en retirer le duvet.
Étêter chaque pédoncule avant de les faire cuire à l'eau bouillante salée pendant une vingtaine de minutes.
Égoutter et servir avec une vinaigrette à votre goût comprenant sel, vinaigre, ail haché, poivre, un peu de moutarde, de l'huile, piments. On peut y ajouter du jus de citron vert.
Servir éventuellement avec un doigt de beurre.

Gombos sautés à l'antillaise.

Ingrédients : 500 gr de gombos, deux oignons, 20 gr de beurre, 100 gr de tomates, piment, ail, sel, poivre.

Préparation :
Laver les gombos à l'eau froide puis racler légèrement la peau pour en retirer le duvet. Couper l'extrémité la plus étroite.
Dans une poêle, faire revenir les oignons dans le beurre à feu moyen, puis ajouter les tomates, le piment et l'ail.
Laisser cuire cinq minutes à couvert.
Ajouter les gombos, le sel et le poivre.
Retourner les gombos afin qu'ils soient enrobés de toutes parts.
Laisser cuire doucement environ vingt minutes. Servir chaud.

Gratin de patate douce

*Originaire des Amériques, surnommée **Mabi** par les Caraïbes, elle fait partie de la même famille que le manioc. Sa forme cultivée est issue d'une espèce sauvage dénommée **manger-lapin**. Elle est depuis longtemps la base de l'alimentation de la population, utilisée en accompagnement de nombreux plats, comme base d'une soupe et même dans un gâteau.*

Voici deux recettes parmi d'autres. Elles sont multiples comme peuvent l'être celles des pommes de terre.

Ingrédients : un kg de patate douce, 200 gr de lardons fumés ou de dés de jambon, 20 cl de crème liquide, 100 gr de fromage râpé, plusieurs branches de cives ou cébettes, une gousse d'ail, thym, pincée de noix de muscade, sel, poivre, piment.

Préparation
Éplucher et couper la patate douce en morceaux de même taille. Faire cuire pour une vingtaine de minutes dans de l'eau salée. Egoutter, puis écraser à l'aide d'une grosse fourchette.

Hacher les branches de cives et l'ail.

Faire cuire dans une poêle les lardons avec les aromates.

Mélanger le tout avec aromates, crème, fromage râpé, muscade, sel et poivre dans un plat à four. Parsemer du reste de fromage. Enfourner pour 25 minutes à 200°.

Patates douces à l'eau

Ingrédients : patates douces, thym, laurier

Préparation :
Laver les patates douces à l'eau claire, puis découper des tranches d'environ 2 cm d'épaisseur.

Mettre les morceaux dans une casserole et recouvrir d'eau. Saler légèrement et ajouter à votre goût thym et laurier.

Laisser cuire environ 20 minutes après ébullition.

Contrôler la cuisson à l'aide de la pointe de couteau.

Servir chaud.

Riz à la créole

Originaire de l'Inde, cette céréale est domestiquée depuis cinq millénaires. Première céréale utilisée pour l'alimentation humaine, elle couvre à elle seule 20 % des besoins mondiaux en énergie alimentaire.

Préparer le riz à la créole est très simple. Il s'agit simplement de faire cuire le riz dans une eau légèrement salée portée à ébullition. Il garde ainsi tous ses arômes permettant de l'utiliser comme accompagnement d'un plat en sauce (kary, court-bouillon, calalou).

Préparation :
Jeter le riz lavé dans une casserole d'eau bouillante salée.
Après 20 minutes de cuisson, si les grains de riz sont cuits, les égoutter dans une passoire.
Remettre le riz dans la casserole, recouvrir et remettre à feu doux.
Lorsque toute l'eau s'est évaporée, les grains doivent se détacher.

Riz au hareng saur

Ingrédients : riz à la créole, deux harengs par personne, un oignon, ciboulette, piment, ail râpé.

Préparation :
Préparer les harengs en retirant la peau et toutes les arêtes.
Récupérer les filets, les mettre à dorer dans une sauteuse avec des oignons coupés et de la ciboulette.
Les mettre à cuire dans de l'eau.
À ébullition, ajouter le riz bien lavé.
Doser l'eau pour qu'elle soit complètement absorbée à la cuisson.
Ajouter du piment et de l'ail râpé selon le goût.

Gratin de giraumon (giromon)

Le giraumon est une variété de potiron, dont la forme et les couleurs très particulières lui ont valu le surnom de « potiron turban » ou de « bonnet turc ». Gris ou vert, il peut être bariolé de rouge, de vert et de blanc, ce qui lui donne un aspect décoratif. Il se décline en salade, en purée (chatinis), en compote (migan) dans les potages pour les rendre plus consistants. La chair une fois cuite est très onctueuse, mais quelque peu farineuse.

J'aime ce proverbe : « Sé kouto sel ki sav sa ki an tjè jiwomon. » (Seule la lame du couteau mesure la souffrance de la citrouille).

Ingrédients : un bon kilogramme de giraumon, 50 gr de beurre, un demi-verre de lait, 50 gr de farine, un oignon, ail, persil, thym, chapelure (ou 100 gr de fromage râpé), noix de muscade, sel, poivre, piment éventuel.

Préparation :

Peler le giraumon avant de le couper en petits dés.

Émincer l'oignon, et le placer dans un poêle avec de l'huile. Ajouter l'ail écrasé, les dés de giraumon et le thym.

Saler, poivrer, ajouter un peu de noix de muscade râpée.

Faire revenir l'ensemble sur feu doux pendant plusieurs minutes, jusqu'à ce que les oignons deviennent translucides.

Arrêter la cuisson dès que le giraumon est cuit.

Réaliser un roux en faisant fondre le beurre coupé en petits morceaux et en ajoutant la farine. Bien mélanger, ajouter le lait et mélanger à l'aide d'un fouet. Faire bouillir pendant deux minutes.

Disposer l'ensemble dans un plat à gratin, saupoudrer la chapelure ou du fromage râpé, cuire au four à 180°C pendant dix minutes.

Les haricots rouges

Les haricots rouges sont l'un des accompagnements traditionnels de la cuisine antillaise que l'on sert seuls ou accompagnés du riz. Riches en protéines tout en étant dépourvus de graisses, contrairement à celles de sources animales, il est apprécié pour sa saveur douce et sa texture légère. C'est l'un des haricots secs les plus consommés dans le monde qui est un accompagnement original peu connu en Métropole.

<u>Ingrédients</u> : 400 gr de haricots rouges, 100 gr de lard salé ou fumé coupé en dés, une pincée de bicarbonate, sel, poivre, deux cuillerées à soupe d'huile, deux échalotes émincées, deux gousses d'ail écrasées, plusieurs clous de girofle, thym, persil, laurier, paprika ou piment.

<u>Préparation</u> :
Trier et laver les haricots rouges.
Les faire tremper la veille dans un récipient rempli d'eau.
Rincer et égoutter les haricots. Les mettre dans un faitout rempli d'eau. Il doit y avoir au moins cinq centimètres d'eau au-dessus). Ajouter l'ail écrasé, les clous de girofle, thym, piment, huile, une pincée de bicarbonate.
Porter à ébullition et laisser cuire une bonne heure.
Les haricots presque cuits, faire chauffer de l'huile dans un faitout. Y faire fondre les échalotes, puis ajouter le lard. Remuer le tout.
À l'aide d'une louche, ajouter les haricots avec son jus, ajouter du poivre. Le jus doit recouvrir les haricots.
Faire mijoter à couvert pendant une heure. On peut épaissir la sauce en écrasant quelques haricots contre la paroi de la cocotte.
On peut ajouter un peu de paprika en fin de cuisson.
Laisser reposer un quart d'heure.
Servir chaud ou froid, avec ou sans riz.

Pâté chaud à la viande de porc

Ingrédients : un bon kilogramme de viande de porc, gras de porc, épices (ciboulette, ail, piment, thym, persil, bois dinde, clou de girofle, poivre, sel), pâte feuilletée, lait, jaune d'œuf.

Préparation :
Dans un moulin à viande (engrenage fin), passer la viande de porc avec un peu de gras accompagné des épices, le tout bien mélangé.

Faire roussir dans la poêle huilée.

Étaler la pâte feuilletée, faire des rondelles en utilisant un verre renversé.

Ranger la moitié de ces rondelles sur une plaque du four bien huilée, puis poser sur chacune d'elles une cuillerée de viande roussie avant de la recouvrir avec une autre rondelle. Souder les deux rondelles avec de l'eau.

Badigeonner le tout avec un mélange de lait et de jaune d'œuf pour qu'ils soient bien dorés.

Enfourner dans le four bien chaud. Surveiller la cuisson.

Servir chaud ou froid.

Beefsteak ou côtelette de porc à la créole

Ingrédients : un beefsteak ou une côtelette de porc par convive, huile, citron, sel, ail écrasé, oignon haché, beurre, persil haché.

Préparation :
Couper la viande en tranches dans le sens de la longueur des fibres, mettre à mariner pendant quinze minutes, dans une sauce composée d'huile, de vinaigre, de sel et d'ail.

Faire griller la viande sur un barbecue ou la grille du four.

Après cuisson, la remettre dans la sauce et poser un dé de beurre sur chaque morceau ainsi que du persil haché.

Servir chaud.

Boudin à la créole

Ingrédients : sang de porc, graisse de porc, 500 gr de ciboule, 500 gr de pain rassis, un verre de lait, oignon, piment, ail, sel, thym, persil, poudre de clous de girofle, bois d'Inde (piment de Jamaïque), poivre, vinaigre, boyaux de porc en nombre, feuilles de bananier séchées.

Préparation :
Dans du sang de porc, mettre du sel et une cuillerée de vinaigre pour éviter la coagulation.

Faire un roux avec de la graisse de porc, en y ajoutant l'oignon haché, le piment haché, l'ail, la ciboule, le thym, le persil, la poudre de clous de girofle, le morceau de bois d'Inde et le poivre.

Ajouter au sang le pain rassis trempé dans du lait.

Ajouter le tout au roux.

Laisser cuire dix à quinze minutes, puis remplir les boyaux préalablement lavés et citronnés.

Attacher par bouts d'environ dix centimètres, puis placer le tout dans de l'eau chaude, sur un lit de feuilles de bananier séchées.

Faire frémir pendant trente minutes sans laisser monter à ébullition. Servir chaud.

Poulet au Kary

Ingrédients : un morceau de poulet par convive, huile, ail écrasé, oignon haché, poudre de curry, thym, persil, feuille de laurier, sel, piment.

Préparation :
Dans une poêle, mettre les morceaux de poulet avec de l'huile. Lorsqu'ils sont cuits, les mettre à part dans un plat creux.

Dans la poêle, faites revenir l'oignon et l'ail, ajouter la poudre de curry et mouillez avec une tasse d'eau.

Verser le tout sur le poulet et le remettre à la cuisson en ajoutant du thym, du persil, une feuille de laurier, du sel et du piment.

Laisser mijoter assez longtemps en ajoutant de l'eau au fur et à mesure que la sauce se réduit.

Servir avec du riz créole.

Porc au Kary ou Chèlou

Ingrédients : un kilogramme de viande de porc, petits oignons, poudre de curry, ail, thym, laurier, plusieurs christophines.

Préparation :
Couper de la viande de porc en morceaux et les faire revenir dans une cocotte avec de l'huile et quelques petits oignons.
Lorsque la viande est braisée, ajouter de l'eau.
Parfumer la sauce avec une cuillerée de poudre de kary ou de colombo.
Ajouter l'ail, le persil, le thym et les christophines coupés en morceaux.
Laisser cuire environ quarante-cinq minutes.
Servir avec du riz créole.

Fricassée de poulet

Ingrédients : un morceau de poulet par convive, feuille de laurier, thym, persil, oignon, ail, piment entier, sel.

Préparation :
Mettre dans une sauteuse des morceaux de poulet avec de l'huile et du sel.
Quand les morceaux sont bien dorés, ajouter de l'eau, des feuilles de laurier, du thym, du persil, de l'oignon, de l'ail, un piment entier non écrasé.
Laisser mijoter à couvert pendant quarante-cinq minutes environ.
Servir avec du riz créole.

Les mers et rivières tropicales sont peuplées d'une multitude d'hôtes tels que poissons, crustacés et coquillages. On trouve parmi eux d'étranges créatures chatoyantes, aux formes curieuses, aux coloris semblables à des fleurs ou à des oiseaux.

La Martinique possède de nombreuses espèces de poissons dont certains servent de base à la nourriture locale.

Parmi celles qui sont comestibles, les plus estimées sont la carangue, les mulets, le grand-écaille, la daurade, l'orphie, la bonite, le thon, le thasar, la balaou, le coulirou, la macriau (maquereau). Sans oublier la **morue**. *Désignés comme poissons blancs, ce sont ceux les plus fragiles et les moins onéreux.*

Les autres espèces de poissons désignés poissons rouges sont moins fragiles et plus chères. Quelques noms : la vierge, la pague, le sobre, le marillant, le sarde, la souris, le barbarin, le vermeille, le Juif, la patate, la carpe, la saule, le moubin, le couronné, le roitalibis, le roicarois, le roilirois...

La Martinique possède vingt-deux espèces endémiques de mollusques. Le **lambi** *en est la star. Non seulement la coquille qui protège le mollusque possède des couleurs somptueuses, mais sa coque est très appréciée.*

Il ne faut pas oublier le **chatrou**, *sorte de petite pieuvre que l'on déguste en fricassée.*

Dernier habitant retenu, aimé de nos papilles, le **chadron**, *l'***oursin**. *Il y a les oursins blancs, véritable caviar des Antilles pêché pendant quelques matinées seulement, dont le prix avoisine les soixante-dix euros le kilogramme. Il y en a d'autres, moins onéreux, qui nous permettent de profiter des bienfaits de l'océan et de la mer des Caraïbes.*

Nous n'oublions pas les **crabes** *vivant mer, plage et terre. De bonnes recettes comme le matoutou que nous dégustons chaque année, le lundi de Pâques selon la tradition. Belle île que l'Île aux fleurs, la Madinina.*

Poisson au court-bouillon

Ingrédients : divers poissons, citrons, sel, piment, ail, oignons, tomates, ciboulette, bouquet garni, persil,

Préparation :
Bien écailler les poissons, les vider et les citronner.

Les mettre à macérer dans une préparation composée de citron, sel, piment, ail et eau, pendant quinze à vingt minutes.

Dans la poêle, faire revenir à l'huile, oignons, tomates et ciboulette.

Retirer les poissons de la sauce, les placer dans une casserole, les recouvrir d'eau en ajoutant un bouquet garni, du persil, du piment. Laisser cuire quinze minutes.

Au moment de servir, ajouter un mélange d'huile, d'ail et de jus de citron. Servir accompagné de riz, pommes de terre ou patates douces.

Blaff de poissons

Ingrédients : divers poissons, citron, sel, piment, ail, oignons, clous de girofle, grains de bois d'Inde, piment rouge, bouquet garni.

Préparation :
Préparer les poissons comme ci-dessus (préparation, macération).

Dans une casserole, mettre un demi-litre d'eau par kilogramme de poisson, ajouter le bouquet garni, l'oignon, les clous de girofle, des grains de bois d'Inde, un piment rouge, du jus de citron et de l'ail râpé.

Dans l'eau bouillante, ajouter le poisson et laisser cuire.

Servir accompagné de bananes plantain ou du riz.

Poisson au bleu

Préparation :
En complément de la préparation en blaff, ajouter en fin de cuisson des oignons piqués de clous de girofle et quelques cuillerées d'huile d'olive.

Poisson en friture

Ingrédients : divers poissons, citron, sel, piment, ail, farine avec un peu de poivre.

Préparation :
Préparer les poissons comme dans la recette du poisson au court-bouillon (préparation, macération).
Sortir chacun d'eux de la saumure, l'essuyer avec le papier prévu à cet effet. Le rouler dans de la farine un peu poivrée, puis le mettre dans une poêle avec un peu d'huile bien chaude.
Faire dorer sur les deux faces. Servir accompagné de riz.

Poisson en daube

Ingrédients : poissons frits, oignon, tomates, bouquet garni, laurier, piment, jus de citron, ail râpé.

Préparation :
Faire revenir le poisson frit dans une casserole avec de l'oignon et des tomates pendant cinq minutes.
Placer l'ensemble dans une casserole, recouvrer d'eau contenant un bouquet garni, du laurier et du piment. Laisser cuire à feu doux pendant quinze minutes.
Au moment de servir, ajouter un mélange d'huile, de jus de citron et d'ail râpé. Servir avec du riz, pommes de terre, patates douces.

Poisson mariné

Ingrédients : poissons frits, 250 gr d'oignon, piment, vinaigre.

Préparation :
Dans la poêle chaude, faites revenir l'oignon coupé en tranches fines avec un peu de piment. Ajouter deux grandes cuillerées de vinaigre qui fait pétiller l'huile. Verser ce mélange sur les poissons et recouvrir le tout.
Ce plat se mange froid, le soir, avec des pommes de terre ou des carottes en salade.

Poisson grillé

Ingrédients : divers poissons, citron, sel, piment, ail, oignons, persil, câpres.

Préparation :
Préparer les poissons comme dans la recette du poisson au court-bouillon (préparation, macération).
Sortir de la saumure, l'essuyer avec le papier prévu à cet effet.
Installer les poissons sur le gril du barbecue ou du four, les faire griller sur les deux faces.
Dans un plat, verser sur les poissons une préparation comprenant eau chaude, oignon, persil, citron, ail écrasé, câpres et piment en tranches fines.

Poisson farci

Ingrédients : un gros poisson, type daurade, citron, sel, piment, ail, oignons, persil, câpres.

Préparation :
Vider et citronner le poisson.
Préparer une farce composée de chair de poissons sans arêtes, de la mie de pain trempée dans du lait, d'ail, persil, thym, oignon hachés finement, poivre et sel.
Remplir le poisson du mélange, clore le ventre avec des cure-dents.
Mettre au four pendant environ trente minutes.

Dessalage de la morue

La morue est le nom générique désignant des poissons de plusieurs espèces. Populaire, elle est appréciée pour sa saveur et les multiples préparations dont elle fait l'objet, sa chair étant appréciée. On peut l'acheter sous forme de poisson frais, de filet ou sous présentation séchée.

La morue étant très salée, il est indispensable de préparer sa chair. Passer la morue fraîche à l'eau froide afin de les débarrasser du surplus de sel. Placer les poissons recouverts d'eau froide dans un plat dont on changera l'eau toutes les quatre heures, au moins à trois reprises.

Morue frite

Ingrédients : morceaux de morue dessalée, oignons, vinaigre, piment.

Préparation :
Après avoir séché la morue, la faire dorer dans l'huile bouillante.
Dans une autre poêle, faire frire de l'oignon coupé en tranches, y ajouter une cuillerée de vinaigre.
Dans un plat, placer la morue recouverte de l'oignon vinaigré.
Ajouter quelques tranches de piment. Ce plat se mange avec du riz.

Morue grillée

Ingrédients : morceaux de morue dessalée, sauce avec vinaigre, huile, ail et piment écrasé.

Préparation :
Poser les morceaux de morue sur la grille du barbecue.
Après les avoir grillés des deux côtés, les mettre dans la sauce pimentée. Ce plat se mange avec du riz.

Morue en court-bouillon

Ingrédients : morceaux de morue dessalée, deux oignons, ciboulette, deux tomates, thym, persil, jus de citron, ail écrasé.

Préparation :
Laisser revenir dans une casserole de l'huile, de l'oignon tranché et de la ciboulette hachée.
Y ajouter la morue dessalée en la faisant cuire des deux côtés.
Ajouter de l'eau jusqu'à recouvrir les morceaux
Ajouter tomates, thym et persil. Laisser cuire quinze minutes.
Avant de servir, verser dans la sauce une cuillerée d'huile mélangée à un jus de citron et à de l'ail écrasé. Ce plat se mange avec du riz.

Morue au gratin

Ingrédients : morceaux de morue dessalée, un oignon, ail, persil, thym, 100 gr de farine, un demi-verre de lait, beurre, chapelure.

Préparation :
Émietter de la morue dessalée, sans arêtes et sans peau.
La mélanger avec l'oignon, l'ail, le persil et le thym.
Préparer un roux dans une casserole (farine revenue dans du beurre), y ajouter la morue écrasée et le lait.
Faire cuire jusqu'à épaississement, verser dans un plat à gratin allant au four. Recouvrir de chapelure et d'un morceau de beurre.
Passer au four cinq à dix minutes.

Morue en macadam

Ingrédients : morceaux de morue dessalée, 500 gr de tomates, huile, 30 gr de farine, bouquet garni, feuille de laurier, piment rouge, ail écrasé, citron.

Préparation :
Préparer un roux avec les tomates, l'huile et la farine ajoutée par petites quantités en tournant.
Allonger avec un demi-litre d'eau chaude et ajouter le bouquet garni, le laurier et le piment rouge.
Y mettre la morue, laisser cuire pendant trente minutes.
À la fin de la cuisson, ajouter un mélange d'huile, d'ail écrasé et de citron. Ce plat se mange avec du riz.

Morue en salade

Ingrédients : morue dessalée, huile, vinaigre, ail, piment.

Préparation :
Émietter la morue dessalée et la mettre dans une assiette.
Préparer une sauce composée d'huile, de vinaigre, d'ail et de piment que l'on verse sur le lit de morue. Se sert avec de la farine de manioc.

Morue en rougail

Ingrédients : morceaux de morue dessalée, huile ou beurre, vinaigre, tomates, un oignon, piment.

Préparation :
Émietter la morue dessalée et la faire frire dans de l'huile ou du beurre.

Lorsqu'elle est bien dorée, y ajouter des tranches de tomates bien mûres en quantité suffisante pour recouvrir le poisson.

Ajouter de l'oignon haché et du piment.

Mélanger délicatement, couvrir et laisser cuire à feu doux jusqu'à ce que les tomates soient flétries.

Ce plat se mange sans la sauce, avec du riz.

Ragoût de chatrous (poulpe)

Ingrédients : chatrous, citron, feuilles de laurier, thym, persil, ciboulette, piment, jus de citron.

Préparation :
Bien nettoyer le chatrou, le vider de ses boyaux et le couper en morceaux.

Le mettre dans une casserole avec de l'eau salée et laisser cuire jusqu'à ce l'eau soit réduite à quelques cuillerées.

Dans une casserole, mettre du beurre ou de l'huile, du citron, laurier, thym, persil, ciboulette et piment.

Ajouter l'eau de cuisson du chatrou, laisser mijoter quinze minutes.

Terminer en arrosant avec du jus de citron au moment de servir.

Ragoût de lambi (conque)

Ingrédients : lambis, citron, feuilles de laurier, thym, persil, ciboulette, piment, jus de citron.

Préparation :
Sortir le mollusque de sa coquille, le frotter de jus de citron et de charbon de bois pour retirer la glu.
Laver à grande eau.
Le placer sur une planche à découper et bien le battre pour ramollir la chair.
Mettre dans une casserole avec de l'eau salée, laisser cuire jusqu'à la diminution des liquides.
Dans une casserole mettre du beurre ou de l'huile, du citron, quelques feuilles de laurier, du thym, du persil, du piment, des lardons, de la ciboulette. Ajouter l'eau de cuisson et les morceaux de Lambi.
Laisser mijoter 1/4 d'heure environ.
Au moment de servir, ajouter un jus de citron.

Lambi grillé

Ingrédients : lambis, citron, échalotes, ail, citron, piment.

Préparation :
Bien les nettoyer comme dans la recette précédente, puis les griller à feu vif sur un barbecue ou sur la grille d'un four.
Servir avec une sauce : échalotes hachées, ail écrasé, citron, piment et eau chaude.

Oursins (chadrons) en blaff

Ingrédients : oursins, citron, sel, piment, ail, bouquet garni, un oignon, thym, persil, trois clous de girofle, quelques graines de bois d'Inde (piment de Jamaïque).

Préparation :
Retirer les œufs frais de chaque oursin,
Les mettre à tremper dans une préparation composée de jus de citron, de sel, de piment, d'ail, pendant vingt minutes environ.
Dans une casserole, sur le feu, mettre un demi-litre d'eau, le bouquet garni, oignon, thym, persil, ail, clous de girofle, graines de bois d'Inde.
Laisser réduire la sauce d'un tiers environ.
Mettre les œufs d'oursins sans les remuer, en agitant simplement la casserole.
Laisser mijoter dix minutes à feu doux et servir chaud.

Matoutou de crabes

Plusieurs espèces de crabes vivent à la Martinique, occupant la plupart des biotopes de l'île : les rivières, le bord des plages, les rochers, les mangroves et même l'intérieur de terres. La profusion des débris retrouvés dans les gisements archéologiques montre qu'ils étaient l'une des bases alimentaires des Indiens caraïbes.

Le plus consommé, le plus recherché est le crabe de terre ou crabe blanc, pour leurs corps charnus, leur goût très fin.

Parfois, ces crabes sont laissés dans une barrique pendant près de deux semaines où on les gave de mangues, de piment, de maïs... ces ingrédients étant propres à les engraisser et à les purifier des mauvaises nourritures qu'ils pourraient avoir mangé auparavant.

Une coutume populaire veut que les lundis de Pâques et de la Pentecôte se déroulent à la plage. On y boit le p'tit punch étant installé sous les résiniers ou des tentes. Quelquefois, des couples dansent au son d'un orchestre improvisé ou d'un instrument de musique.

Le menu comporte toujours des crabes que cela soit en matoutou, en fricassée, en sauce ou en colombo. Comme il est difficile de trouver des crabes de terre en Métropole, Da ti Clé et Pauline utilisent des tourteaux.

Matoutou de crabes (suite)

Ingrédients : crabes de terre, citrons, oignons, ail, thym, kary (curry), piment.

Préparation :
Nettoyer les crabes en les brossant, puis enlever les carapaces.
Couper le reste par morceaux et briser les pinces.
Placer l'intérieur des carapaces dans un bol y ajouter du jus de citron. Garder dix minutes.
Mettre tous les morceaux des crabes dans une cocotte, faire sauter pendant dix minutes dans l'huile.
Ajouter un mélange d'eau et de jus de citron pour les recouvrir les morceaux de crabes.
Ajouter oignons, ail, thym, un peu de sel, du kary et du piment.
Laisser cuire pendant trente minutes.
Mélanger le tout avec du riz qui aura été cuit auparavant.

Fricassée de crabes

La recette de cuisson est identique à celle du matoutou. La grande différence est que le riz est servi à part.

Colombo de crabes

La recette de cuisson initiale est identique à celle du matoutou. À la fin de celle-ci, on ajoute de la poudre de Kary dans de l'huile et quelques tranches de mangues vertes arrivées à maturité. Le tout continue à cuire pendant quinze minutes. Le riz est servi séparément.

Crabe farci

Ingrédients : crabes, sel, citrons, bouquet garni, piment, pain, un verre de lait, lard haché, persil, poivre, sel, deux oignons, panure, beurre.

Préparation :
Après les avoir brossés, jeter les crabes vivants dans l'eau bouillante et salée, en y ajoutant les citrons, le bouquet garni et le piment.

Après cuisson, laisser refroidir, puis ouvrir les crabes et retirer toute la chair et la graisse.

Faire tremper dans un bol du pain dans du lait.

Dans une poêle, faire un roux avec du lard haché très fin, du persil, du poivre, du sel et du piment. Ajouter les oignons en les laissant prendre de la couleur.

Incorporer dans le roux la chair des crabes, le pain et le lait. Laisser cuire ensemble cinq minutes.

Pendant ce temps, nettoyer les carcasses, terminer en y passant un citron. Placer dans les carapaces ce qui a été cuit ensemble.

Parsemer de panure et de noisettes de beurre.

Crabe à la sauce piquante

Ingrédients : crabes, sel, plusieurs citrons, bouquet garni, deux graines de bois d'Inde, deux clous de girofle, oignons, ail, piment.

Préparation :
Mettre à bouillir de l'eau avec sel, un citron, bouquet garni, graines de bois d'Inde, clous de girofle.

Brosser les crabes, les jeter vivants dans l'eau bouillante.

Lorsqu'ils sont cuits, préparer dans un demi-litre du bouillon de cuisson une sauce dans laquelle on ajoute du citron, de l'ail, du piment et de l'oignon.

Ouvrir les crabes, vider les carapaces, conserver l'intérieur que l'on déguste après avoir arrosé avec la sauce. Ce plat se mange avec du riz.

Omelette au crabe

Ingrédients : crabes, sel, poivre, piment, oignon, champignons, trois à six œufs.

Préparation :
Les crabes cuits dans un bouillon très épicé (sel, poivre, piment), récupérer toute la chair comme indiqué dans la recette du crabe farci.

La faire revenir avec de l'oignon et des champignons hachés.

Préparer et faire cuire l'omelette à votre goût, la fourrer avec la farce du crabe.

Servir en recouvrant d'un peu d'oignon haché revenu dans la poêle.

Œufs farcis au crabe

Ingrédients : crabes, sel, poivre, piment, oignon, champignons, trois à six œufs.

Préparation :
Les crabes cuits dans un bouillon très épicé (sel, poivre, piment), récupérer toute la chair comme indiqué dans la recette du crabe farci.

Faire durcir des œufs, les couper dans le sens de la longueur, sortir les jaunes. Ajoutez-les à la farce.

Mettre au four avec un morceau de beurre sur chaque part.

Confiture de coco

Le coco vieilli et sec, la pulpe s'est muée en amande compacte servant à préparer de multiples plats (crèmes, gâteaux, liqueurs, confitures...).
Les fabricants de savon en extrayaient de l'huile pour en faire des savons et des huiles capillaires.

Ingrédients : 500 gr de pulpe de noix de coco, 500 gr de sucre, une gousse de vanille, 30 gr de cannelle.

Préparation :
Râper la pulpe d'une noix de coco (vous pouvez en trouver déjà râpée dans le commerce)
Ajouter le sucre, la vanille, la poudre de cannelle, quelques cuillerées d'eau.
Faire cuire en tournant pendant une demi-heure environ.
Retirer, laisser refroidir.

Tablettes et boules de coco

Mêmes ingrédients et préparation que la confiture de coco.
Continuer à faire cuire en tournant jusqu'à ce que l'ensemble commence à tourner en sucre.
Sortir du feu et mélanger rapidement pour l'aider à se candir, c'est-à-dire se cristalliser.
Faire des petits tas avec une cuillère sur du papier huilé.
Refroidis, ils se servent à tout moment.
Pour les boules : Avant que les petits tas se refroidissent, les rouler en boules dans du sucre nature ou coloré.

Pâté de coco

Utiliser la confiture de coco et une pâte feuilletée.
Couper la pâte feuilletée en disques avec un verre retourné, déposez-y de la confiture de coco par petits tas
Recouvrir avec un autre disque, souder les deux disques avec un peu d'eau. Mettre à cuire au four, s'assurer de la cuisson.

Lotchios Capresses

*Pour cette recette, on utilise du **sirop de batterie**, un concentré du jus de canne cuit obtenu par évaporation, utilisé notamment pour le tafia.*

Ingrédients : 500 gr de pulpe de noix de coco, 30 gr de cannelle, 30 centilitres de sirop de batterie.

Préparation :
Faire cuire la pulpe de noix de coco dans le sirop de batterie accompagné de la cannelle, à feu doux, comme pour les tablettes de coco.

Au début de la caramélisation, retirer du feu et poser en petits tas coniques sur du papier huilé.

Blanc-manger au coco (recette traditionnelle)

Ingrédients : 300 gr de noix de coco râpée, un litre de lait, une gousse de vanille, une pincée de sel, cinq jaunes d'œufs, cinq feuilles de gélatine (pour gélifier la préparation), z1 litre de liquide,

Préparation :
Faire tremper la noix de coco râpée dans du lait chaud, passer au chinois et sucrer. Mettre sur le feu en ajoutant la vanille.

Préparer une crème avec cinq jaunes d'œufs et cinq feuilles de gélatine qui auront été préalablement trempées dans de l'eau et égouttées.

Au point d'ébullition du lait, ajouter une pincée de sel fin et la crème ci-dessus. Ne pas laisser bouillir.

Bien mélanger hors du feu et laisser refroidir dans un moule ou dans des ramequins. Mettre au réfrigérateur.

Cette préparation a sa place parmi les entremets les plus appréciés.

Gâteau de maïs

Ingrédients : un litre de lait sucré vanillé, 100 gr de raisins secs de Corinthe, 250 gr de farine de maïs, poudre de cannelle, rhum ou schrob.

Préparation :
Faire bouillir dans le lait les raisins secs de Corinthe.
À ébullition, y verser la farine de maïs mélangée à un peu de lait froid.
Mélanger longuement avec une cuillère en bois, jusqu'à ce que la pâte soit bien consistante.
Verser dans un moule caramélisé et laisser refroidir.
Démouler sur un plat à gâteau, verser un peu de poudre de cannelle et un alcool aromatisé, rhum ou schrob de préférence.

Gâteau de patate douce

Ingrédients : Pour un kilo de patates douces, compter trois œufs, un verre de liqueur de rhum, 300 gr de beurre, trois cuillerées de sucre en poudre et une pincée de sel.

Préparation :
Cuire à l'eau salée, puis peler les patates.
Encore chaudes, les passer au presse-purée, y ajouter le rhum, le beurre fondu, les œufs et le sucre.
Mélanger longuement avec une fourchette.
Beurrer un moule, y verser la préparation et enfourner.
Laisser cuire une heure environ. Vérifier la cuisson en y enfonçant une lame de couteau. Si elle est sèche, le gâteau est prêt.

Pain d'épice créole

Ingrédients : Pour 1 verre de farine, 500 gr de sucre, une pincée de sel, du gingembre, de la vanille et de l'eau.

Préparation :
Faire une pâte consistante comme celle du pain avec l'ensemble des ingrédients ci-dessus.

Pétrir et abaisser au rouleau, sur dix centimètres de large, vingt centimètres de long et deux centimètres d'épaisseur.

Mettre au four, sur une plaque, à feu doux.

Les sortir du four quand ils sont dorés et croquants.

Pudding de fruit de pain

Ingrédients : un fruit à pain mur, un demi-litre de lait, vingt-quatre cuillerées à sucre de sucre, 50 gr de beurre, cinq œufs, un verre de rhum ambré, un zeste de citron vert, un peu de vanille, cinq cuillerées de farine, beurre.

Préparation :
Faire cuire le fruit à pain mûr, puis l'écraser dans le lait accompagné du sucre, du beurre, des œufs.

Mélanger le tout, puis ajouter le rhum vieux, le zeste de citron, la vanille et la farine.

Verser le mélange dans un moule beurré. Laisser cuire deux heures trente minutes au four.

Les marchés de Martinique offrent une grande variété de fruits exotiques. Leurs noms et leurs senteurs laissent planer un parfum d'exotisme. Surprenants, naturels, sucrés, ils sont bourrés de vitamines. Le climat chaud et humide de notre Madinina, son ensoleillement, en facilite l'éclosion.

Voici les principaux pour le plaisir des sens.

*Autrefois, les Antillais se réveillaient une seconde fois, après le premier réveil pour le petit café fort au cri de « **boué coco, mangez dou-dou** ». Dans les rues, on voyait les marchandes portant un large tray porté sur la tête rempli de coco vert, un plateau sur la main, chargé de corossols qui s'arrêtaient de maison en maison, de couloir en couloir pour vendre ici un coco à l'eau, là une tranche de corossol dit dou-dou, quelquefois les deux.*

Ces fruits aux vertus rafraîchissantes et curatives qui rendaient centenaires les Antillais d'autrefois ne se vendent plus par les rues le matin. C'est dommage !

Abricot

Les abricots de notre île n'ont aucun rapport avec le fruit fondant et parfumé d'Europe. C'est un fruit énorme à la chair ferme et plus dense qui peut atteindre quelquefois la grosseur de la tête d'un homme.

Il se mange cru, bien mûr. Il est surtout utilisé pour faire de la confiture, de marmelade en dans les recettes de pâtisserie.

Ananas

Symbole de notre île, il se mange le plus souvent au naturel, ou en tranches arrosées de rhum, parfumées de cannelle et de sucre. Il accompagne avec succès le carré d'agneau et de rôti de porc. En entremets, il est associé à du kirch, du sucre et de la crème fraîche.

Banane

Elle a conquis les Européens par sa saveur agréable, ses qualités nutritives et la modicité de son prix.

Son rôle aux Antilles est encore plus important étant tour à tour fruit et légume. Il en existe de nombreuses variétés : banane cone, banane naine, makanghia, fressinette, banane cochon ou cancambou...

Barbadine

Elle a l'aspect du melon luisant. Sa chair succulente et charnue se mange confite. Les graines servies dans du vin blanc sucré constituent un dessert recherché. On en fait aussi une excellente confiture.

Corossol

Ce fruit a souvent la forme d'un gros cœur, son nom venant de la déformation du mot espagnol corazón voulant dire cœur.

Très rafraîchissant, il se mange d'ordinaire le matin à jeun, avant le petit-déjeuner.

Avec ses feuilles on fait une infusion sédative, pour le cœur et les nerfs. En écrasant les feuilles dans le bain des bébés énervés, elles ont un effet calmant qui leur permet de s'endormir rapidement.

Dans cette même famille se trouve le **cachiman** qui possède des vertus stomachiques.

Goyave

Son nom provient du mot *guaiaba* de la langue des Arawaks, les ancêtres de l'île, signifiant fruit.

Elle présente une zone extérieure assez ferme et sans graines et une zone intérieure gélifiée entourant de nombreuses graines dures de 3-5 mm de long. Sa chair est blanche, jaune, rose à rouge.

Il existe une grande variété : goyave poire, goyave ronde, goyave blanche, goyave rouge, dont le goût rappelle celui de la fraise.

Elles se consomment nature, confiture, gelée, marmelade, sorbet.

Longtemps inconnue, cette famille est originaire de l'Inde. Les navigateurs portugais l'ont introduite en Amérique Latine puis dans la Caraïbe vers le 16ᵉ siècle, au tout début de la colonisation.

S'il y en a de nombreuses variétés dans notre île (Julie, Amélie, divine, zéphire...), la mangue Julie et le mangot Bassignac sont les plus répandus dans l'île.

En Martinique, la mangue se déguste généralement au naturel. On la retrouve en jus, crème glacée ou confiture ou dans diverses boissons alcoolisées.

Un peu plus filandreux, existent aussi les mangots (mangot vert, mangot bœuf, mangot bassignac, mangot zo, mangot abricot) et les mangotines qui sont plus petites et parfumées (mangotines philippe, mangotines farine...).

Orange

Les variétés diffèrent par le volume et la couleur. Certaines n'excèdent pas la grosseur d'un œuf de poule comme l'orange macaque, d'autres comme la **chaddec**, atteignent la grosseur de la tête d'un homme.

L'orange ordinaire est parfumée, juteuse et sucrée comme la mandarine, et une variété plus petite appelée **citron doux**.

Papaye

Originaire du Mexique, c'est une baie ovoïde ou arrondie, de vingt à trente centimètres de long, dont la pulpe est comestible. Pesant de un à cinq kilogrammes, elle renferme de nombreuses graines noires entourées d'un mucilage. À maturité, elles sont vert jaunâtre, et leur chair juteuse est jaune orangé.

Elle se consomme crue ou cuite, en hors-d'œuvre, dessert ou entremet. Son usage est curatif pour la digestion et les diarrhées.

Pomme d'acajou ou pomme cajou

Originaire du Brésil, c'est le nom usuel donné au pédoncule charnu de la noix de cajou, fruit de l'anacardier. Pouvant atteindre dix centimètres de longueur, de couleur rouge à jaunâtre à maturité, elles servent à fabriquer des boissons, du sirop, des confitures, des pâtes de fruits et peuvent être séchées.

Elle a la forme d'une poire, portant à la base une noix, sorte d'amande en forme de rognon très bonne à manger grillée, dont le goût rappelle la noisette de la Métropole.

Elle sert à la fabrication de l'orgeat, de nougat, de glaces pralinées, pour le chocolat de Première Communion, et surtout pour accompagner punchs et cocktails. En elle-même, elle est acre, astringente et indigeste.

Pomme cannelle

Originaire du Brésil, elle a la forme d'une pomme de pin. Gros comme une pomme, sous ses écailles épaisses et molles de couleur verte se trouve une pulpe blanche, tendre et crémeuse, sucrée et parfumée au goût de cannelle qui se mange telle quelle. Elle est criblée de pépins ronds et aplatis d'environ un centimètre de diamètre. Ce fruit est très populaire dans les marchés tropicaux.

Ses feuilles en infusion sont employées contre les douleurs intestinales.

Prune de Cythère

Originaire de Polynésie, cultivée dans les pays tropicaux, ce fruit ovoïde de sept centimètres de long environ possède une chair acidulée et parfumée. Elle pousse en grappes dans des arbres à croissance rapide pouvant atteindre vingt mètres de hauteur.

On en fait surtout des confitures et des gelées.

Verte, elle est diurétique et un excellent curatif du foie.

Des variétés plus petites cohabitent comme la prune moubin, la prune d'Espagne et la prune de Chili.

Sapotille

On dit des belles mulâtresses qu'elles ont une couleur de sapotille quand elles ont la peau dorée.

Cela est dû à sa peau fine dorée, cannelle ou rouille, qui fait penser à la poire Passe-Crassane. Sa chair délicieuse est d'un jaune roux qui fond dans la bouche comme un sorbet parfumé, évoquant le jasmin et la vanille.

Elle se mange généralement crue, mais aussi préparée glacée, aromatisée au rhum.

Tamarin

Originaire d'Inde, le tamarinier est un arbre qui joue un grand rôle dans la médecine traditionnelle. Ses feuilles sont employées en infusion contre la toux et l'inflammation des yeux. La pulpe est utilisée comme purgatif doux.

Il existe des tamarins doux, assez rares et des tamarins aigres qui servent à faire des confitures excellentes. Les tamarins doux se mangent crus ou enrobés de sucre candi (tamarin glacé).

Graines bois

Le long des clairières, lors de promenades champêtres, le marcheur ramasse des fruits de moindre importance que les Martiniquais nomment **graines bois**.

Ce sont pois doux, pomme rose, pomme d'eau, pomme d'amour, pomme macaque, zicac, jujube, calmite, tamarin, manger coolie, kénette, merise, bonbon jeune fi (fille), framboise, letchi, surette, cerise, raisin de mer...

Salade de fruits

La plupart des fruits exotiques peuvent être utilisés pour faire de délicieux desserts. Découpés en rondelles et saupoudrés de sucre, aromatisé de spiritueux parfumés, ils font d'excellentes fins de repas.

Beignets de banane

Ingrédients : pâte à beignets, bananes selon le nombre de convives, rhum, sucre semoule, vanille, cannelle.

Préparation :
Préparer une bonne pâte à beignets selon la méthode usuelle.
Couper en tranche les bananes et les faire macérer dans un peu de rhum sucré et vanillé.
Au moment de la cuisson, enrober les tranches de bananes de la pâte à beignets et faire frire à l'huile ou au beurre.
Mettre les beignets bien dorés sur un plat, les saupoudrer de sucre semoule vanillé dans lequel vous ajoutez de la poudre de cannelle.

Daube de banane

Ingrédients : bananes selon le nombre de convives, beurre, un verre de vin rouge, sucre, cannelle.

Préparation :
Faire dorer de belles bananes dans une poêle avec du beurre.
Entre-temps, préparer un sirop dans lequel vous mettrez un bon verre de vin rouge sucré bien aromatisé de cannelle.
Ajouter aux bananes et laisser mijoter 1/4 d'heure environ.

Sorbet au coco

Mettre à tremper pendant une demi-heure, dans demi-litre de lait vanillé 500 gr de noix de coco râpée. Passer et sucrer. Ajouter une pincée de sel fin et mettre dans une sorbetière.

Sorbet au chocolat

Faire fondre 125 gr de chocolat dans très peu d'eau sur le feu.
Ajouter un litre de lait avec un peu de cannelle et de la vanille.
Épaissir avec un peu de farine.
Laisser refroidir et passer dans une sorbetière.

Glace à la goyave

Écraser au presse-purée, dans un litre d'eau, environ 250 gr de goyaves bien mûres. Sucrer et mettre un peu de vanille.
Ajouter le jus d'un demi-citron vert et passer à la sorbetière.

Glace au corossol

Extraire le jus de plusieurs corossols, sucrer et mettre un peu de vanille.
Ajouter le jus d'un demi-citron vert et passer à la sorbetière.

Omelette martiniquaise

Ingrédients : six œufs, sucre, un ananas, plusieurs bananes, cerises confites et raisins secs. Sachet de sucre vanillé, un verre et demi de rhum.

Préparation :
Dans une jatte, battre à la fourchette trois œufs entiers et trois jaunes d'œufs.
Dans un bol, battre à la fourchette les trois blancs d'œufs restants que vous ajoutez aux autres œufs. Saupoudrer de sucre et mélanger.
Couper en dés l'ananas, les mélanger à quelques cerises confites, des tranches de bananes et des raisins secs.
Dans une poêle, les faire dorer et saupoudrer avec le sucre vanillé. Laisser en attente.
Faire fondre du beurre dans la poêle. Lorsqu'il est blond, verser les œufs et laisser cuire à feu doux pendant dix minutes.
Lorsque l'omelette est cuite, garnir la moitié avec les fruits, puis plier-la en deux. Posez-la dans un plat de service chaud.
Saupoudrer avec du sucre vanillé.
Dans une casserole chauffer un verre et demi de rhum sans le laisser bouillir, arroser-en l'omelette et faire flamber.

Table des matières

L'HISTOIRE DE LA MARTINIQUE...3

QUELQUES MENUS TYPIQUES..11

LES BOISSONS...15

Le rhum et ses préparations 15

Punch blanc 16

Punch vieux 17

Punch au lait...17

Cocktail à la noix de coco 17

Cocktail de la Reine 17

Shrob..18

Liqueur de coco...18

Anis coq...18

Absinthe amère...18

Quelques boissons rafraîchissantes...19

Orangeade ou citronnade 19

Planteur...19

Jus de corossol..19

Jus de goyave 19

Cidre martiniquais...19

Le mabi..20

Le madou 20

LES ENTRÉES 21

Les Acras (ou Acrats) 21

Acras de morue (ou de lieu ou de colin)..21

Acras de cribiches (crevettes d'eau douce)....................................22

Acras de titiris (alevins)...22

Acras de carottes...23

Acras de chou des Caraïbes...23

Acras d'aubergine 23

Les soupes..24

Soupe z'habitants..24

Soupe de fruit à pain au lard 24

Soupe de giraumon (potiron) 25

Soupe grasse 25

Soupe maigre 25

Soupe de poireaux à l'igname 26

Soupe de pied de porc ou de bœuf.................................26

Soupe calalou (version végétarienne)............................26

Soupe de poisson..27

Soupe à la chair de cribiches 27

Pâté en pot 28

LES LÉGUMES...29

Aubergine en beignet 29

Aubergine à la tomate 29

Le féroce d'avocat..29

Bananes plantains frites à la poêle 30

Bananes plantains bouillies 31

Christophines ou chayottes au gratin.............................31

Massissis ou concombres en daube.................................32

Massissis ou concombres en salade 32

Les croquettes de fruit à pain 33

Fruit à pain au four...33

Fruit à pain à la béchamel pour la morue 34

Fruit à pain aux lardons 34

Gombos à la vinaigrette..35

Gombos sautés à l'antillaise.. 35

Gratin de patate douce... 36

Patates douces à l'eau 36

Riz à la créole... 37

Riz au hareng saur.. 37

Gratin de giraumon (giromon)... 38

Les haricots rouges 39

LES VIANDES.. 41

Pâté chaud à la viande de porc 41

Beefsteak ou côtelette de porc à la créole............................ 41

Boudin à la créole... 42

Poulet au Kary.. 42

Porc au Kary ou Chèlou 43

Fricassée de poulet... 43

LES PRODUITS DE LA MER.. 45

Poisson au court-bouillon 46

Blaff de poissons... 46

Poisson au bleu 46

Poisson en friture... 47

Poisson en daube 47

Poisson mariné 47

Poisson grillé.. 48

Poisson farci... 48

Dessalage de la morue 48

Morue frite... 49

Morue grillée.. 49

Morue en court-bouillon 49

Morue au gratin 50

Morue en macadam.. 50

Morue en salade.. 50

Ragoût de chatrous (poulpe) 51

Ragoût de lambi (conque) 52

Lambi grillé.. 52

Oursins (chadrons) en blaff.. 53

Matoutou de crabes... 53

Fricassée de crabes 54

Colombo de crabes 54

Crabe farci... 55

Crabe à la sauce piquante.. 55

Omelette au crabe... 56

Œufs farcis au crabe.. 56

LES DESSERTS 57

Confiture de coco 57

Tablettes et boules de coco.. 57

Pâté de coco.. 57

Lotchios Capresses 58

Blanc-manger au coco (recette traditionnelle) 58

Gâteau de maïs 59

Gâteau de patate douce 59

Pain d'épice créole.. 60

Pudding de fruit de pain.. 60

Les fruits et leurs préparations.. 61

Abricot.. 61

Ananas 61

Banane.. 62

Barbadine.. 62

Corossol 62

Goyave 62

Mangue, mangot, mangotine 63

Orange 63

Papaye 63

Pomme d'acajou ou pomme cajou 64

Pomme cannelle 64

Prune de Cythère.. 64

Sapotille 65

Tamarin.. 65

Graines bois... 65

Beignets de banane 66

Daube de banane... 66

Sorbet au coco 66

Sorbet au chocolat.. 66

Glace à la goyave 67

Glace au corossol.. 67

Omelette martiniquaise....................................... 67

Ouvrages disponibles Alain LEQUIEN........................ 74

- Vauban le bourguignon (éditions de Bourgogne) *[7] – 2006 - Récit
- Réflexions maçonniques en Loge symbolique - tome 1 (Doyen) * – 2010 - Essais
- Les Mystères de la Côte d'Or (De Borée) – 2010 - Récit
- Les nouveaux Mystères de Saône-et-Loire (De Borée) – 2011 - Récit
- Les nouveaux Mystères du Jura (De Borée) – 2011 - Récit
- La méthode M3C - Réussir un changement dynamique, stable et durable - coauteur avec Alessandro Biscaccianti (Éditions A2C Média) – 2012 – Management *
- Les Mystères de la Savoie (De Borée) – 2013 - Récit
- Haine tenace (Ed. du Hérisson) * – 2014 – Roman historique
- Les Mystères des Hautes-Alpes (De Borée) – 2014 – Récit
- Les Mystères de Bourgogne (De Borée - ouvrage collectif) – 2016 - Récit
- Les Mystères de Rhône-Alpes (De Borée - ouvrage collectif) – 2016 - Récit
- Les Mystères de Saint-Jacques de Compostelle. (De Borée) – 2017 – Histoire et documents.
- Les Francs-maçons d'Orient (Éditions maçonniques) * – 2017 – Essais
- Hymnes des cousins charbonniers (Temps impossibles) * – 2018 – Histoire et documents
- Les recettes de Da ti Clé *– 2018 – Cuisine (AGLA Editions)
- Mille mots pour comprendre le Moyen Âge (RDM Editions) – 2019 – Histoire et documents - *à paraître*
- Hélium, chien jacquet sur les Chemins de Compostelle – opus 1 – Ma vie d'avant – 2019 – Livre illustré - *à paraitre*
- Hélium, chien jacquet sur les Chemins de Compostelle – opus 2 – Sur la voie du Puy-en-Velay – 2019 - Livre illustré - *à paraitre*
- OVNIS en Bourgogne –2019 – Récit - *à paraitre.*

- Blog auteur : www.alain-lequien.fr
- Blog Compostelle : www.bourguignon-la-passion.fr
- Auteur, bloggeur, conférencier, jacquet.

---

[7] *Les ouvrages portant une * sont disponibles auprès de l'auteur. Contact a.lequien@yahoo.fr.*

Vos notes personnelles

Edition : Books on Demand,
12/14 rond-Point des Champs-Elysées, 75008 Paris
Impression : BoD - Books on Demand, Norderstedt, Allemagne
ISBN : 9782322108251
Dépôt légal : décembre 2018